AF140425

1

Bibliografische Information der Deutschen
Nationalbibliothek
Die Deutsche Nationalbibliothek verzeichnet diese
Publikation
in der Deutschen Nationalbibliografie, detallierte
bibliografische Daten sind im Internet über
http//dnb.dnb.de abrufbar

einbandgestaltung
anett wassermann

ISBN 9 783739 235660

Herstellung und Verlag
BoD – Books on Demand, Norderstedt

... macht euch den Feind zum Freund

Ewald Eden

Mein Freund, der Krebs ...

mein "Querläufer" und unser gemeinsames Leben.

Es war in der späten Sommerzeit in 2008. Im Halsbereich unter meiner linken Gesichtshälfte da tat sich etwas. Unauffällig und fast unmerklich trat in meinem Aussehen eine Veränderung ein. Ich betrachtete es solange als unmerklich, bis mich mein Spiegel eines Tages eines Besseren belehrte. Ich hatte einen 'dicken Hals'.

Ein 'dicker Hals', als landläufige Bezeichnung für den Widerwillen gegen das Tun oder gegen bestimmte Handlungsweisen anderer Mitmenschen, das war es nicht. Es war linksseitig eine unablässig größer werdende Schwellung zwischen Hals und Unterkiefer, die auch mit dem größten Wohlwollen einfach nicht mehr zu übersehen war.

Ich habe im nachhinein mir selber einzureden, versucht, dass es alles mit einem irren Tempo vonstatten gegangen wäre. Zumal ich das Geschehen in oder unterhalb des Kieferbereiches eine Weile einer entzündeten Zahnwurzel in die

Schuhe geschoben, den deshalb notwendigen Besuch beim Dentisten aber immer wieder hinausgezögert hatte. Wie es ja häufig so ist, mit Männern und Zahnarztbesuchen.

Weil ich aber ja so großen Mut in mir habe, saß ich endlich doch an einem grieseligen Herbsttag bei meinem gewohnten Zahnarzt unter dem hellen gleißenden Licht auf dem Behandlungsstuhl.

Das erste was er zu mir sagte, nachdem wir uns begrüßt hatten, war: Denn will ich mal sehen. Zuerst besah er sich die 'Beule' von aussen und innen - und dann sah er mich mit einer Intensität an, als wenn er in mein Innerstes hineinkriechen wolle. Beim 'Schauen' ist es denn aber geblieben. Er guckte dabei jedoch gerade so aus, als wenn im Moment der Teufel seinen Weg gekreuzt hätte.

Er kontaktierte umgehend einen Kollegen und keine zwei Stunden später saß ich schon eine Ortschaft weiter auf dem Behandlungsstuhl eines Zahnmediziners, der mit seiner Doktorei auch noch auf dem Sachgebiet der Kieferchirurgie kundig war. Ein Doppeldoktor sozusagen.

Der sagte, als er meiner ansichtig wurde, auch als erstes zu mir, daß er denn mal schauen wolle. Er betrachte sich auch die Beule von aussen, er befühlte sie sich von innen her ... und dann schaute er mich gerade genauso an, wie sein 'einfacher' Doktorkollege es Stunden zuvor auch schon getan hatte. Es drängte mich, ihn zu fragen, ob ihm auch gerade der Leibhaftige mit dem Pferdefuß begegnet wäre.

Der 'Doppeldokter' hat es denn auch beim Anschauen belassen, und mich direkt an einen Professorenkollegen seiner Fachrichtung in einer Oldenburger Klinik weitergereicht.

Da lag ich nun in dem großen Krankenhaus in der Residenzstadt, und wurde tagelang innerhalb des Hauses von einer Station zur anderen hin- und hergeschoben. Überall warteten denn schon neugierige Augen in klugen Köpfen auf mich, um mich auch von allen Seiten zu begutachten.

Dabei wurde mir mal hier ein winziges Fitzelchen meiner Lebensmasse weggeschnibbelt, oder da mit den neuesten Gerätschaften in den letzten Winkel meines Körpers hineingelustert. Immer der Ursache oder dem Verursacher des Übels auf der Spur. Ich hatte dabei auch schon mal die Figur von Nick Knatterton, dem Meisterdetektiv, vor Augen, so wie er in meinen Kindertagen in der Illustrierten "Quick" mit der immer rauchenden Pfeife zwischen den Zähnen und einer übergroßen Lupe in den Händen, jedwedem Übeltäter erfolgreich hinterherspürte.

Ich sah die Gelehrten von mal zu mal vermehrt ihre Köpfe zusammenstecken und im Flüsterton miteinander reden, als wenn ihnen gegenüber ein Mensch schliefe, den sie nicht durch ein lautes Wort aufwecken wollten.

Eine ganze Woche währte das Schauspiel zwischen den rätselhaften Gesichtern über den weißen oder grünen Kitteln aus den verschiedenen Fachgebieten.

Eines Abends schob mich dann eine Hilfsschwester kurz vor dem Dunkelwerden in des Oberarztes Dienstzimmer. Bei halbdunklem Licht erklärte er mir mit salbungsvollen

Worten, dass man im Hause alles für mich getan hätte, und man auch weiterhin alles, was nur irgend möglich wäre, für mich tun würde. Das sei aber nach Lage der Dinge leider nicht allzuviel, weil der Verursacher der Beule, den man bei mir ausgemacht hatte, von ihnen auch mit der modernsten medizinischen Technik und mit den Mitteln der Chirurgie nicht zu fassen wäre. Das sollte denn im Klartext heißen, dass dieser Art von 'Krebs' (da war das Wort da, welches man sich scheinbar scheute, es auszusprechen) die sich meinen Körper als Bleibe auserkoren hatte, nicht auf die gewohnte und herkömmliche Art beizukommen war.

Mit Skalpell und Schneiden war da nichts zu machen, weil diese Gattung des Krebses sich nach innerhalb des Knochen- und Muskelgewebes verzieht. Es bilden sich also keine 'Tumore' oder 'Tochtergeschwülste' im herkömmlichen Sinne. Ob das für mich nun gut oder schlecht wäre, darüber fiel kein Wort.

"Sie haben Krebs" - diese drei Worte hätte er doch gleich an den Anfang seiner Rede stellen können, dann hätte er sich und mir das andere salbungsvolle Geschwafel erspart, und wir wä-

ren schnell damit durchgewesen. Später hat er mir einmal gesagt, dass er sich nicht getraut habe, es auf die direkte Art hinter sich zu bringen, und dass im Nebenzimmer ein Psychologenkollege für alle Fälle bereit gewesen wäre, um mich aufzufangen, wenn sich durch die "Offenbarung" der Diagnose ein seelisches Loch vor mir aufgetan hätte.

Rätsel hätte ich ihm aufgegeben, als ich angesichts seiner Eröffnung völlig anders reagiert habe, als wie es in der Regel geschehe, wenn er einem Patienten mitteilen müsse, dass seine Lebenszeit sichtbar begrenzt sei.

Ich hätte die Mitteilung aufgenommen, als wenn er mir gesagt habe, daß nach der zehn die Zahl elf komme und daß dies ja nichts Neues für mich wäre.

Nachdem anschließend noch alle Zähne aus Ober- und Unterkiefer entfernt worden waren, weil mein neuer Untermieter, der Herr Krebs", in den Kieferknochen kräftig mit den Modalitäten seines Einzuges beschäftigt war, wurde ich nach Hause entlassen. In die guten Hände der Menschen um mich herum, wie man mir

11

sagte. Bloß, was wußte ich, was mich erwarten würde in diesen guten Händen der Menschen um mich herum, von denen ich ja noch so gut wie keinen kannte.

Nun stand ich da in meinem kurzen Hemd und benötigte plötzlich etwas, was ich seit meiner Kinderjahre nicht gehabt hatte - ich brauchte einen praktischen Hausarzt. Es sollte möglichst ein Hausarzt sein, der mir alle Wege die ich gehen sollte aufzeigte, und sie dank seines Wissens ein wenig für mich ebnete. Einen Hausarzt als Hilfe bei allem Papierkram der notwendigerweise anfallen würde, und der auch mal Haltstop sagen könnte, wenn es die Spezialkollegen mittels der neuzeitlichen Maschinenmedizin ein wenig übertreiben würden.

Was so in den nächsten Tagen und Wochen um mich herum ablief, das lief anscheinend wie von selber. Ich stand wahrhaft abseits des Geschehens. Ich war ein Zuschauer, so als wenn ich gar nicht zu dem Spiel dazugehörte.

Mit Skalpell und Schneiderei war dem Gast in meinem Körper ja nun nicht beizukommen. Das hatte man mir in der Klinik ja klipp und klar verklickert. Nun sollte ihm bei uns in der Stadt im hiesigen Krankenhaus mittels einer Strahlentherapie auf den Pelz gerückt werden. Mit dem Beschuß aus der großen Kanone sollte ihm ein heißer Hintern beschert werden. Ein Generalangriff sollte es werden - von aussen mit Strahlen und von innen mit Chemie. Das war die Strategie. So wollten sie es machen, sagte man mir.

Fein säuberlich zu Papier gebracht, bekam ich zum Begreifen mittels Selbststudium den geplanten Ablauf mit nach Hause.

Neununddreißig mal wollte man mich in der Radiologie durch das Zentrum von Hiroshima schicken. Begleitend dazu vorerst sechs mal in der Onkologie innerlich einer chemischen Reinigung unterziehen.

Ich ließ die gesamte Mannschaft in ihrem Tun gewähren und ließ ihre fleißigen Hände machen. Ich stand ja ausserhalb dieses Kreises, und schaute mir das Werk als Unbeteiligter an.

Flinke Hände vermaßen mich von innen und aussen. Bleiernes Rüstzeug wurde mir angemessen und praktisch alles, was sich in Zahlen und Werten ausdrücken ließ, wurde mit mir angestellt

Das "ausserhalb dieses Kreises stehen" konnte ich solange tun, bis ich am eigenen Leibe zu spüren bekam, daß ich der Mittelpunkt des Wirbels um mich herum war. Zu dem Zeitpunkt, als ich begriff, daß ich mitten in dem Karussell saß, bin ich in das Ruderhaus an Deck übergewechselt um dort am Rohr mitzudrehen.

Ich wollte doch unmittelbar erkennen wohin mein Schiff trieb, und als Kapitän an Bord zumindest versuchen den Kurs zu halten. Ich wollte nicht, daß mein Kahn - mein Lebensschiff - durch einen falschen Dreh am Ruder, durch einen der Decksleute aus der Mannschaft, unversehens auf einer Untiefe landete und letztendlich als Wrack dort liegenblieb.

Ich wußte in meinem Inneren, daß über mir einer war, der das Fahrwasser für mein Schiff freihalten würde. Freihalten bis in den Hafen, in dem ich am Ende für ewig den Anker fallen lassen konnte.

Ich wußte aber auch, daß ich nun zuerst durch ein wildes Wasser lavieren mußte, hinter dem dann die ruhige See lag.

Die rauhe See habe ich in der direkten Folge auch voll mitbekommen. Neununddreißig mal lag ich unter der Sonne von Tschernobyl zu braten. Ich habe mir in den Tagen immer wieder gesagt, dass ich es mir ja noch aussuchen könne, ob und wo ich diese Strahlenkuren zubringen wolle. Die Menschen in den in der Vergangenheit mit einer solchen Sonne beglückten Landstrichen hatten dagegen keine Wahl, und auch nicht die geringste Chance gehabt. Sogleich wußte ich mich jedesmal wieder auf der Seite der vom Schicksal begünstigten Geschöpfe.

Bevor es nun das erste mal mit der heissen Sonne im Strahlenbunker losging, stand zuvorderst das große chemische Reinemachen an. Das hieß, sich alle zwei Wochen ein paar Stunden lang inmitten eines Kreises von ebenfalls an Krebs erkrankten Patienten die Inhalte etlicher Flaschen mit chemischen Substanzen in die Blutbahnen träufeln zu lassen.

Auf eine Art kam es mir vor, als wenn ich für die Nachwelt konserviert werden sollte. So wie es in Rottmanns Preßspanwerk bei uns am Kanal zu meiner jungen Zeit mittels Formaldehyd bei den Spanplatten gemacht wurde.

Ich sah vor meinem inneren Auge schon die Zahlenreihe auf meiner Stirn, an der jederman ablesen konnte, für wie lange ich noch zu geniessen sei. Mein Verfallsdatum sozusagen.

Diese Vorstellung hat mir, trotz der bedrückenden Atmosphäre um mich herum, zumindest noch ein Schmunzeln entlockt. Obwohl es in diesem Kreise gewiß keinen guten Grund zum Lachen gab.

Das lag aber vermutlich nicht an den Menschen, die sich dort tagein, tagaus um das leibliche und seelische Wohlbefinden der Patienten sorgten. Oder sollte ich es zutreffender als ihr sich tägliches kümmern um das "Unwohlsein" der Patientenschar benennen?

Es war wohl eher deshalb so, weil das Lachen sich da unter all den hängenden Lippen und entgleisten Gesichtszügen nicht richtig zuhause fühlte.

Nach dem ersten mal tröpfeln weiß ich gar
nicht einmal mehr, wie ich es nach Hause hin
geschafft habe. Ich weiß nur, dass ich in den
nächsten Tagen daheim ein Rennen in der Art
mitgemacht habe, wie ich es in meinem Leben
bis dahin noch nicht erlebt hatte. Ich kam mir
vor wie in der Fabel von der Wettläuferei
zwischen dem Hasen und dem Igel. Es war ein
Dauerlauf zwischen Kotz- und Kloschüssel -
nur, daß ich jetzt Hase und Igel in einer Person
war.

Pillen, Medikamente, Arzneimittel hatte ich
eine Menge verordnet bekommen. Dreizehn
verschiedene Sorten - über den Tag verteilt
einzunehmen - zählte ich, als ich die Schach-
teln, daheim am Küchentisch sitzend, zu
sortieren begann. Es waren dreizehn ver-
schieden bunte und vor allem teure Produkte
aus den diversen Giftküchen der Pharma-
Industrie. Überschlägig zusammengerechnet
ergabeb sich da eine Summe von um die 300,-
€uro herum. Und das täglich. Ich habe mich
gefragt, wie viele von der Pharmaindustrie
"gesponserte" Aufenthalte in der Urheimat der

17

Briefmarken da wohl schon eingeplant waren.

Nach dem dritten Beipackzettel habe ich entnervt aufgehört diese zu lesen, obwohl ich mit der Aufnahme geschriebener Informationen allgemein keine Schwierigkeiten habe - DAS war mir einfach zu einfältig, was mir da an unsäglichen Unwägbarkeiten von Seiten der am menschlichen Leid groß verdienenden Konzerne um die Ohren geschlagen wurde. Warum sollte ich Pillen gegen die Nebenwirkungen und Folgen der Einnahme von Pillen einnehmen, für deren Wirksamkeit es keine Garantie gab, um deren Nebenwirkungen und Folgen dann ebenfalls mit weiteren Pillen zu bekämpfen? Das versprach dann ja irgendwie kein Ende. Oder doch, und zwar mein Ende.

So wie sich die Preise für die Arzneimittel in teils astronomischen Höhen bewegten, so empfand ich in diesem Augenblick auch die Herstellung und den Vertrieb als eine für die Pharmakonzerne staatlich sanktionierte Lizenz zum Gelddrucken. Diese Art von Vergehen am Volke konnte und wollte ich nicht auch noch unterstützen.

Eingenommen habe ich letztendlich keine einzige Pille. Ich habe den Inhalt der Tüte voller augenverführerischer Pharmazie beim nächsten Termin auf den Schreibtisch der mich begleitenden Onkologin entleert, und ihr meinen Entschluß der Nichteinnahme kundgetan. Sie hat mir darauf nichts erwidert - sie hat mich bloß angeschaut. Selbst als ich ihr sagte, dass ich auch die Chemotherapie absetzen würde, weil ich die Rennerei zwischen Klosett und Spuckeimer nicht wolle, hat sie mich nur mit ihren klugen Augen angesehen, als wenn ich von weither, von einem fremden Stern gekommen wäre.

Ich habe dann die chemische innere Reinigung tatsächlich abgesetzt, und bin danach nur jeden Tag in den Sonnenscheinkeller gegangen, um ein Ahnen von Tschernobyl zu geniessen. Ich habe es nachher wirklich als ein Stück Erholung betrachtet, dort jeden Tag die vorgegebene Dauer unter dem Kellergrill zu liegen.

Mir ist nämlich in den Wochen etwas zuteil geworden, wofür andere Menschen sich jahre- manchmal lebenslang drum mühen und quälen müssen. Mein Körpergewicht hat sich um das halbe Wiegen reduziert. In acht Wochen war es von 145 Kilogramm auf 72,5 Kilogramm reduziert worden. Einfach so und ohne irgendwelche teure Essbremse als Abspeckhilfe. Dabei gab es auch kein rauf und runter und keine schlechte Laune, die einem das Leben zur Hölle werden lassen kann, weil die Menschen um einen herum, die Familie, das ständige auf und ab nicht mehr ertragen können.

Die Frau Doktor, die ich damals gefunden habe (ich habe oftmals bei mir gedacht, sie sei mir vom Schöpfer zugewiesen worden) hat mir ohne Zweifel enorm dabei geholfen. Ohne ihr 'mir zur Seite gestanden', bin ich mir nicht sicher, ob ich diesen Text jetzt noch würde zu Papier bringen können.

Jeden Tag hat sie über einen längeren Zeitraum dafür gesorgt, dass mein geschwächter Körper nicht austrocknete. Jeden Tag führte sie mir mittels einer Kanüle über die Armvenen zwei Stunden lang neutrale Flüssigkeit zu, weil ich nicht in der Lage war eigenständig ausreichend zu trinken. Jeden Tag habe ich zwei Stunden in einem ihrer Behandlungsräume geschlummert wie in Abrahams Schoß.

Von meiner Krankenversicherung vergütet bekommen hat sie ihr Mühen nicht. Von den dreißig €uro, die für sie für jedes Quartal Behandlung von der Kasse als Pauschale herübergeschoben wurden, konnte sie wahrlich keine großen Sprünge veranstalten.

Ich habe Frauke K. - die in der Zeit meine behandelnde Doktorin war - denn auch einmal gefragt, warum sie das alles mit mir anstellen würde. Sie hat mich bloß von unten herauf angeschaut, als sie mir antwortete: "Weil ich Ärztin bin, und weil das Helfen mein Beruf ist. Und wegen dem anderen, was sie da angesprochen haben, da machen sie sich man keine Sorgen. Ich verhungere schon nicht."

Das hat sie mir gesagt, bevor ich denn wieder zwei Stunden in einer ihrer stillen Kammern in mein anders gewordenes Leben hineinschlafen durfte. Ihre Praxis hat sie bedauerlicherweise kurze Zeit später aus wirtschaftlichen Gründen trotzdem aufgeben müssen. Der Zwang der Ökonomie oder die Unfähigkeit und das Versagen der Politiker in unserer Gesellschaft war die Ursache. Politischer Schwachsinn, gepaart mit menschlicher Böswilligkeit, hatte wieder einmal einen Sieg davongetragen.

Überhaupt hatte sich für mich durch die Diagnose "Krebs" eine andere Welt aufgetan. Stand ich zuerst steif wie ein Stock vor diesem Seitwärtsläufer, um ihn dabei anzuschauen, als wenn er nicht zu mir gehörte. Mußte ich ihn in den ersten Tagen doch wiederholt fragen, was er denn, bitteschön, überhaupt bei mir in meinem Körper wolle, so änderte sich nach kurzer Zeit meine Umgehensweise mit dem "Zugezogenen". Es machte sich in mir eine Art von Verstehen oder auch Erkennen breit. Es ging mir ein, dass ich mich gegen die Aufteilung des Raumes in meinem Körpers in Raum für ihn und Raum für mich mit kriegerischen Mitteln niemals würde erfolgreich wehren können. Ich erlag nicht den "Sirenklängen" aus der Pharmaindustrie, die da alles übertönend verhießen, daß nur mit Hilfe ihrer Errungenschaften, ihrer "Waffen" ein Sieg über den "Feind" Krebs errungen werden könne.

Stattdessen faßte ich den Entschluß, meinen Gast im Körper zu akzeptieren, um mit ihm im einverständlichen Nebeneinander noch eine

Weile leben zu können. Ich beschloß, meinem "Untermieter" - wie ich ihn fortan nennen wollte - nicht jeden Tag den Gerichtsbüttel mit einer Räumungsklage auf den Hals zu hetzen (dabei fällt mir die Frage ein, ob "Krebse" überhaupt einen Hals haben).

Mein Friedensangebot schien er verstanden und auch verinnerlicht zu haben, denn er ließ und läßt mir meine Ruhe. Ich weiß und fühle es, dass er da ist, aber er sattelt nicht ständig sein Pferd, um gegen mich kriegerische Attacken zu reiten. Mit jedem Tag der verstreicht wird mir deutlicher, dass in meinem Körper als ein Zuhause ausreichend Platz zum Wohnen für uns beide ist.

Als einmal einer der mich fürsorglich begleitenden Dottores mir sagte, daß er mir für meinen "Kampf" gegen den Krebs alles Glück wünsche, da konnte ich ihm darauf bloß entgegnen, dass ich nicht beabsichtige, gegen den Krebs in meinem Körper zu 'kämpfen'. Ich sah förmlich das innere Kopfschütteln bei meinem Gegenüber, als er versuchte, mein Sagen als sein Begreifen herunterzuschlucken. Ich habe versucht ihm das Schlucken ein wenig zu

erleichtern, indem ich ihm erklärt habe, warum ich nicht gegen den Krebs zu Felde ziehen wolle, und warum Kampf und folglich Krieg niemals Sieger und Besiegte sondern nur Verlierer hervorbringt.

Ich hoffe er hat verstanden, daß mein Hausgast sein Quartier bei mir von höherer Warte zugewiesen bekommen hat. Wir müssen darum Zeit unseres Lebens miteinander auskommen. Ob ich nun will oder nicht. Das ist nun einmal so. Hinausbefördern kann ich ihn nicht - ich würde ihn, durch ständige Versuche es zu tun, nur gegen mich aufbringen, ihn furchtbar wütend auf mich machen. Wenn wir uns "bekriegen" würden, dann wäre ich immer der Unterlegene - und das wäre dann mein vorzeitiger Tod. DAS will ich nicht - und weil mein Tod denn auch unweigerlich sein Tod wäre, will er das auch sicher nicht. Also vertragen wir uns und verbringen (hoffentlich) noch eine lange auskömmliche Zeit miteinander.

So einfach ist es. Das mir jetzt nur ja niemand anfängt zu lachen. Der täte nämlich gut daran, sich diese Dinge zu merken - sie sich hinter die

Ohren zu schreiben, wie mein alter Schulmeister August es immer zu sagen pflegte, wenn uns Kindern in unseren Unverstand eine Sache ein wenig doof erschien. Und das meist nur, weil sie so einfach war.

An neununddreissig Tagen hintereinander habe ich die heiße Sonne genießen dürfen - und DAS mitten im Winter und über die Weihnachtswochen und den Jahreswechsel hinweg. Wer kann sich als monitärer Schwachmat schon einen solchen "Sonnenurlaub" leisten. Das war doch ein prächtiges Erholen in der kalten Jahreszeit. Wahrscheinlich haben die anderen Betroffenen, die so Tag für Tag neben mir und um mich herum im Krankenhauskeller vor der Strahlenkammer zu warten saßen, das Ganze mit ein wenig anderen Augen betrachtet, als ich es tat. Gesagt, und mit Worten kundgetan, hat es wohl nicht eine Seele da in dem Raum ohne Fenster. In ihren Gesichtern stand es aber deutlich geschrieben und für jederman zu lesen.

An den Gesichtern konnte ich erkennen, daß es sich in den Köpfen dahinter immer nur um die eine Sache drehte - um IHREN Krebs. Jeder betrachtete seinen "Krebs" schon als ein persönliches Eigentum, der seine "Eigenheiten nur bei ihm ausleben dürfe. Für nichts anderes schien da anscheinend noch Platz vorhanden zu sein. Alles Fühlen, Schauen und Reden um mich her war nur noch Seitwärtsläufer, war nur noch Schalentier. Das Leben von gestern und das Leben von morgen, das existierte scheinbar nicht mehr, oder nur noch in Fragmenten. Da war nur noch Bedauern mit sich selbst zu erkennen. Jedesmal wenn ich in eines dieser Gesichter sah, dann hat es mich kalt geschauert.

All den Menschen um diese Menschen herum, die selber nicht im "Besitz" eines Krebses waren, ist es sicher nicht anders ergangen. Ein solches Gebaren kann nämlich kein Mensch auf Dauer und ohne selber Schaden zu nehmen ertragen. Ich habe häufig den Versuch unternommen, meine "Mitleider" dazu zu bewegen, sich wieder dem Leben, ihrem Leben, zuzuwenden - aber die Zeit, die wir jeweils miteinander verbrachten, war stets viel zu kurz bemessen. Vielleicht ist bei dem einen oder anderen ja irgendetwas 'hängengeblieben'. Ich weiß es nicht, denn man hat sich ja zumeist nicht wiedergesehen.

Durch die Bank fiel ins Auge, daß jedereins im Kreise gehörige Schwierigkeiten mit den einfachen Vorgängen um Essen und Trinken hatte.

Die meisten Patienten konnten wohl essen und trinken, sie vermochten aber wegen der Chemie im Körper nichts ein- und bei sich zubehalten. Der bekannte und übliche Marathon zwischen Spuck- und Kloschüssel griff auch da.

In kurzer, in sehr kurzer Zeit reduzierte sich bei allen im Kreise das Gewicht. Es ging im Galopp von sehr schlank über dünn und mager bis zu Knochen klappern in der Pelle. Es zeichneten sich häufig an Körperstellen Knochen unter der Haut ab, an denen der Betroffene zuvor gar nicht einmal Knochen vermutet hatte.

Nachdem ich die Chemie beiseite gelegt hatte, hielt ich, was ich an Essen und Trinken zu mir nahm, dagegen alles bei mir - nur konnte ich durch die Einschränkung, durch den "Befall" im Mundhöhlen- und im Rachenbereich nur äuserst eingeschränkt schlucken. Anders ausgedrückt, ich konnte nichts richtig handfestes in den Magen hinunterbefördern.

Über den Zeitraum des 'nicht genügend Flüssigkeit zu mir nehmen können' hatte meine Doktor Frauke mir ja mit leichter Hand passabel hinweggeholfen.

Bei der Esserei war ich in erster Linie nun selber gefragt. Auf diese Fragen habe ich anscheinend sehr gute Antworten gefunden. Ich bin einen der Wege gegangen, die mir eine höhere Instanz in entscheidenden Momenten immer wieder gewiesen hat. Ich kann es mir nicht anders erklären. Von all den Menschen, die mich die Jahre über begleitet haben, sah sich auch niemand in der Lage, mir eine plausiblere oder andere Begründung dafür zu geben.

Mein Strahlendoktor hat vor nicht allzulange einmal zu mir gesagt, wenn ich denn auch noch grün aussehen würde, dann würde er nicht zögern, mich als vom Mars herkommend zu bezeichnen.

Seine Ansage an mich, nach Beendigung meiner Sonnentrips in die Nuklearparadiese, ich müßte für den Rest meiner Tage um jede Strahlenquelle einen gehörigen Bogen machen, revidierte er denn auch zugleich, indem er mir anvertraute, dass, wenn mein 'Untermieter' sich wieder einer gewissen Renitenz befleissigen würde, man ihm schon wieder mit einer gewissen Strahlendosis Paroli bieten könne. Es war auch für ihn als altgedientem Radiologen eine erstmalige und neue Erkenntnis, dass ein Krebspatient daherkommt und so aus dem Nichts heraus die jahrhunderte währende Halbwertzeit für radioaktivem Müll auf nur wenige Monate reduziert. Irgendwie sah er da die Physik wohl auf den Kopf gestellt.

Was aber habe ich überhaupt Besonderes getan, daß mein Schiff in dem wilden Wasser auf dem Strom bislang nicht untergegangen ist? Was ich wollte, oder was ich tun sollte, das wußte ich partout nicht im Mindesten. Was ich aber ums Verrecken NICHT tun wollte, DAS wußte ich seit der ersten Minute nach der Diagnose Krebs. Ich wollte NICHT mit hängendem Kopf und gebeugten Schultern durch die Zeit schluffen. Ich wollte mir nicht ständig und bei jedem Schritt schmerzhaft auf die eigene Unterlippe treten. Ich wollte keine artfremden Löcher durch die Haut gestochen bekommen.

Ich wollte keinen "Port" für dies und das in meinem Körper stecken haben. Ich wollte aus meiner eigenen Hand essen und trinken. Ich wollte auf natürlichem Wege pinkeln und pupsen solange es mir nur irgend möglich wäre.

Was mich auch erwarten würde in der vor mir liegenden Zeit - ich wollte vor allem mein Lachen und das 'Schmüsternkönnen' nicht verlieren. Ich wollte auch weiterhin meine Trauer zeigen können, wenn Mensch oder Tier in meiner Umgebung von einem schweren Schicksal ereilt würde. Ich wollte aber auf keinen Fall in den Tränen über mein eigenes Betroffensein ertrinken.

Ich habe denn einfach das getan, was uns schon als wir noch im Kindesalter waren, unsere Mutter und vorzeits auch unser Großvater ans Herz gelegt haben, wenn uns irgendetwas auf dem Herzen lag. Ganz gleich, was es denn durch die Zeiten auch gewesen sein mag. Ich habe an dem längsgeschaut, was mir in der einen oder anderen Situation oder Zwangslage irgendwann einmal geholfen hatte.

Zuerst kam mir denn aus meiner Jugendzeit

mein gütiger Pastor Strathmann in den Sinn, der alte Gottesdiener und sein Sagen, daß alles was uns im Leben widerfährt, vorgezeichnet ist. Ich kann dem nichts entgegenhalten, denn mein Tun in der Zeit - besonders das nach der Diagnose Krebs - habe ich ja nicht getan, weil ich so klug bin, oder weil ich es irgendwie durch irgendwelche weisnasigen Buchschreiber eingetrichtert bekommen habe. Ich habe es einfach getan, weil ich nur so und nicht anders handeln konnte.

Das ist mir bewußt geworden, als mich ein renommierter eremetierter Krebsprofessor aus dem Kurkölnischen angesichts meines Umganges mit meiner "Befindlichkeit" wie er es nannte, fragte, woher ich das alles wisse, und wer mich denn auf diesen guten Weg gebracht habe.

Mein stetiger Verzehr von Buttermilch gemischt mit Sahne hatte ihn zu dieser Frage veranlaßt. Ich würde damit nämlich etwas tun, was für meines Krebses Fühlen ebenso friedlich und versöhnlich sei, als wenn eine liebende Großmutter ihrem aufgebrachten Enkel mit sanfter Hand übers Haar streichen würde. Dabei war ich nur an diesem "Gemisch" hängengeblieben, weil ich nach den ersten Schlucken aus der Pulle, die ich eigentlich nur genommen hatte, weil ich dies Getränk schon immer gern gemocht habe, eine sonderbare Nachwirkung bemerkte. Die Haut im Mund- und Rachenbereich (die ja durch die Permanentbestrahlung keine 'Schleimhaut' sondern eher wie trockenes Pergament war) entspannte sich - es überzog sie plötzlich wieder ein schützender Film, der auch einige Zeit erhalten blieb. Ich hatte, ohne danach zu suchen, einen Ersatz für den fehlenden Speichel gefunden. Durch das Sperrfeuer mit den radioaktiven Partikeln waren meine Speicheldrüsen im bestrahlten Bereich förmlich abgefackelt, lahmgelegt, verbrannt worden. Des Volksmundes Satz "mir bleibt die Spucke weg" bekam dadurch für mich eine völlig andere Deutung, und die Bedeutsamkeit des Speichels für Mund und Rachen wurde mir fortan immer wieder ins Bewußtsein gebracht. Ich konnte nun dank des "Fundes" den verordneten Kunstersatz für die Schleimhautbenetzung absetzen.

Vielleicht ist das alles ja auch ein Wissen aus

einem Leben vor meinem Leben jetzt, und das nur in den untersten Laden meines hintersten Bewußtseins gut verwahrt lag. Dieses Denken kann ich nicht einfach so zur Seite schieben.

Was ist das bloß für eine eigenartige Vorstellung, mag jetzt der eine oder andere sicher denken.

Eigenartig ist mir denn eher vorgekommen, was in den ersten Wochen nach der Diagnose Krebs denn so um mich herum abgelaufen ist. Laufen ist wohl das richtige Benennen, glaube ich. Denn der Lauf von allen Seiten zu mir her, der Lauf von jeder Art von Leuten, die mit dem Vertrieb von Pharmazie, von Chemie und unechtem Essen und Trinken zu tun haben, die damit ihre echten Brötchen verdienen, der war schon mit einer mittleren Volkslauferei - wie es heute ja genannt wird, wenn ein Pulk von Menschen durch die Strassen des Quartiers rennt, zu vergleichen. Ich habe mich anfangs oft gefragt, woher diese freundlich aufdringlichen Klinkenputzer von meiner Befindlichkeit wußten. Ich hatte es doch bis dato von keinem Ausrufer der Welt verkünden lassen.

Damit ist es aber wohl gerade so wie in der Natur auch, in der ein Pferd nur einen Haufen in die Gegend zu äppeln braucht, und Minuten später wimmelt es auf dem Haufen von Schmeißfliegen.

Hochwertige Astronautenkost sei es, was sie mir als Nahrung anbieten würden. Unschätzbar im Wert. Sie wollten mir damit wahrscheinlich kundtun, daß so ein kleines unbedeutendes Menschlein wie ich doch heilfroh sein müsse, daß es so etwas Gutes gäbe, und dass es ihm von der großen Schar der selbstlosen Helfer offeriert werden würde. Meine Krankenversicherung würde doch eh alle Kosten tragen.

Ich habe die "besorgten" Leute alle reden und anschließend wieder ihrer Wege ziehen lassen. Das, was sie von den angebotenen Produkten palettenweise für mich als 'Kostproben' bei mir zuhause zurückliessen, das habe ich regelmäßig an Einrichtungen weitergereicht, von denen ich wußte, dass sie Verwendung dafür hatten. Ich mochte das gräßliche Zeugs einfach nicht durch meinen Hals zwingen. Es schmeckte mir regelmäßig wie abgelassenes Altöl aus einem Ackerdiesel. Vielleicht haben sich diese Kunstprodukte auch nicht mit den Strahlenrückständen in meinem Körper vertragen. Es mag so oder so gewesen sein - ich wußte es nicht und ich weiß es auch heute nicht. Ich habe diese Mineralöl verdächtigen Erzeugnisse jedenfalls aussen vor gelassen, und zu etwas anderem gegriffen, um mich auf den Beinen zu halten.

Das Ungehörigste, was mir eine von den Schlauschnackern der Anpreisergilde meinte einreden zu müssen, war das Angebot, bei mir einen "Port" zu legen, um mittels dieses Umweges über einen künstlichen Eingang das Zeugs in meinen Magen zu befördern, weil dadurch ja meine sich ablehnend verhaltenden "Geschmacksnerven" überlistet würden.

Vielleicht habe ich ihr ein wenig grob darauf geantwortet. Sie tauchte in der Folgezeit jedenfalls nicht mehr bei mir auf.

Aufgetaucht ist denn etwas ganz anderes. Ich habe mein Erinnern nämlich in jene Zeiten zurückgeschickt, in denen wir durch viele Mängel und Erkrankungen hindurch mußten. Und in denen es vieles, was in der Gegenwart aus so vielen Pharmalaboren ungehemmt den

Markt überschwemmt, noch nicht gab. Ich habe mich dann im Denken ein wenig der Nachkriegsesserei zugewandt - habe die Ratschläge und die Rezepturen von damals neu erstehen lassen. Gerade so wie unsere Mutter es mit deren Zubereitung und Anwendung hielt, wenn wir krank zu Bette lagen.

Durch die intensive Hitze während der Bestrahlungen habe ich gottseidank keinen Sonnenbrand auf der Seele davongetragen. So wie es vielen anderen in vergleichbarer Lage ergangen ist, und sie es immer wieder erleben nach der Diagnose Krebs. So daß sie dann plötzlich nicht nur mit dem ungebetenen Gast in ihrem Körper auskommen müssen, sondern sich auch noch mit Depressionen auf so manches Chaiselongue-Doktors Liege herumzuschlagen genötigt sehen, um sich da ständig Pflaster auf die wundgescheuerte Seele placken zu lassen.

Meinen Brandschaden den habe ich an anderer Stelle davongetragen. Meine Mundhöhle und mein Rachenraum wurden nicht mehr von selber feucht. Und das nicht nur als kurzzeitige Folge, wie etwa ein Sonnenbrand auf dem

Buckel nach zuviel herumliegen am Strand, sondern auf eine längere Dauer. Wenn ein Mensch etwas nicht recht fassen oder auch glauben kann, dann sagt er schon mal: "Mir bleibt die Spucke weg." Bei mir war es plötzlich andauernd so, und ohne daß es mich etwa fassungslos gemacht hätte.

Rund um die Uhr hatte ich nun von Stund' an einen 'trocknen Hals'. Wem so etwas geschieht, dem wird dann erst bewußt, wie wichtig und unverzichtbar so selbstverständliche Kleinigkeiten sind, wie zum Beispiel simpler Speichel es ist.

Da kam denn die Buttermilch, mit Sahne aufgepeppt, ins Spiel. Nur einen Schluck davon getrunken (es darf auch ruhig einer mehr sein) hatte und habe ich weiterhin für einige Dauer beschützte Schleimhäute und somit meine Ruhe. Alle anderen Getränke, an denen ich mich versucht habe, haben mehr oder minder (zumeist mehr) genau die gegenteilige Wirkung gezeigt. Im Moment der Flüssigkeitsaufnahme herrschte übermäßige Nässe im Mundbereich und einen Augenblick später folgte schon knarrende Trockenheit, so wie sie – wie ich es

schon erwähnte - altem Pergament zu eigen ist.

Bloß Buttermilch und Rahm zu verkonsumieren, DAS reicht dem Körper natürlich nicht, um davon total auf Stücken zu bleiben, denn ur mit einem Sattel kann man ja auch nicht reiten - da muß denn schon ein tragbarer Pferderücken drunter sein. Da muß als Ergänzung schon etwas Derberes draufgesattelt werden, und da ich ja eh schon mit Hornvieherzeugnissen zu schaffen hatte, bin ich denn auch dabei geblieben. Ich bin den (meist) schwarzbunten Rindviechern, den Kühen treu geblieben. Etwas vom Ochsen durfte es denn auch wohl mal sein. Da war und bin ich nicht so pingelig. Beinscheiben mit Markknochen in der Mitte wurden für eine sehr geraume Weile mein zweites (Haupt)standbein der Ernährung.

Das Rindfleisch und die Knochen bis zum Exzess ausgekocht, das Mark aus den Knochen löffelweise gegessen, und den Sud mit allen möglichen und möglichst heimischen Gartenfrüchten vermenguliert. Ich habe es als die allerbeste Vor- und Nachsorge empfunden und erfahren.

Mir kommt es mittlerweile vor, als wenn wir es schon Ewigkeiten so handhaben würden, mein Freund der Krebs und ich.

Die 'Beule' an der linken Halsseite - mein 'Reservekopf', wie es anfangs einmal jemand scherzhaft ausdrückte - die hatte sich nach neununddreissig Sonnenscheintagen augenscheinlich restlos davongemacht. Soviel Wärme hat sie denn doch wohl nicht vertragen können. Der Rückzug wäre jedoch keineswegs spurlos geschehen, wie mein mich fürsorglich begleitender, aber immer skeptischer Strahlendoktor zu erwähnen sich verpflichtet fühlte. Vielleicht wollte er damit testen, ob meine Gelassenheit erschütterungsfähig sei, oder er wollte einfach einer eventuell bei mir aufkeimenden Euphorie früh genug Grenzen setzen. Mein Besucher hatte sich nämlich nicht verflüchtigt, sondern er hatte sich nach inwendig in die Knochen- und Muskelmasse verzogen. Er war wohl vorsichtshalber vor neuerlichen Angriffen in Deckung gegangen. Mein Visiter sei ein Experte im Untergrundagieren und er habe wohl Ahnung davon, dass ihm da so leicht niemand ans Leder gehen könne, und gerade das würde den Ärzten den Umgang mit ihm so schwierig gestalten, erklärte mir mein Hausdoktor.

Gleich denn auch, was der Querläufer in mir sich noch denken oder einfallen lassen würde - man wollte sich, im mir schon bekannten Klinikum in Oldenburg, erneut mit der "Sache" befassen. Das bedeutete für mich, dass auf mich ein erneuter Aufenthalt in einer Klink der Residenzstadt wartete. Die Schlafstellen in dem Hause kannte ich ja von meinem ersten Aufenthalt schon, und die Menschen, die sich dort erneut um mich bemühen würden, in der Mehrheit ja auch.

Frühmorgens brachte mich ein ausgeschlafener morgenmunterer Taxifahrer vor Tag und Tau dann 60 Kilometer nach südwärts ins Land hinein, damit ich dort im Krankenhaus zur rechten Zeit Moin sagen konnte. Ich wollte mir wegen eines Zuspätkommens keinen Rüffel oder auch nur einen halbwegs schiefen Blick einhandeln. Da ist nämlich immer noch ein wenig der Respekt vor der Pünktlichkeit in mir, von der mein Opa zu sagen pflegte, dass sie die Höflichkeit der Könige sei, und der er dann

stets die Frage, ob wir denn minder seien folgen ließ.

Für diesen Tag stand viel an, wie man mir vorab während eines Telefonates schon kundgetan hatte. In der Klinik angekommen blieb mir gerade die Zeit, um das Gepäck, das ich bei mir hatte, neben der Schlafstelle die mir zugedacht war, abzustellen. Ich habe mich nicht einmal mehr mit den Zimmergenossen, die die beiden anderen Betten bevölkerten, bekannt machen können. Ein kalter anonymer Einzug sozusagen.

Nach gerade zweimal Luftholen saß ich schon in einem Stuhl auf Rädern, und los ging meine Reise durch die Welt, die angefüllt war von dem Geruch nach Karbol und Angstschweiß.

An diesem Tage habe ich aus einer anderen Sicht, als sie mir bisher bei meinen mehr beruflichen Kontakten mit der Krankenhauswelt gegeben war, eine Vorstellung von der Größe, der Geschäftigkeit und der Mächtigkeit der Personalstrukturen hinter den Kulissen eines Klinikbetriebes mittlerer Größenordnung bekommen.

Überall auf den Stationen, wo meine Reise für Minuten oder auch manchmal für ein wenig länger, unterbrochen wurde, überall da war ich für eine kurze Weile der Mittelpunkt des Geschehens. Ich fühlte mich schon bald wie ein Tanzbär im Zirkus, der von seinem Betreuer, zum Ergötzen des Publikums, im Licht der Scheinwerfer am Nasenring durch die Manege geführt wird. Ob ein so gepeinigtes Geschöpf Gottes schon einmal von irgendjemand gefragt worden ist, wie es sich dabei fühlt?

Die Weiß- oder Grünkittelriegen auf den Stationen schauten mit sachkundigen Augen in mich hinein und über mich hinweg. Ich wurde in alle Richtungen vermessen und exakt gewogen. Und das Ganze genau fünf mal an diesem Tage und jedesmal in einer anderen Abteilung. Und jedesmal hat man mir mit vielen Worten wenig erklärt. Und jedesmal wurde ich angehalten, zu unterschreiben, dass ich all das verstanden hätte, was im Grunde doch nicht zu begreifen war.

Spät am Nachmittag - um Schlag sechs Uhr - hatte ich ein letztes mal meinen 'Kaiser Wilhelm' unter ein Erklärungsformular gesetzt.

Meine Reise durch die Medizinwelt war für mich für diesen Tag zu Ende. Am nächsten Morgen um 9 Uhr wollte eine Truppe um drei Professoren um mich herum ihr Werk beginnen.

Ich brauchte zuerst einmal ein paar Minuten Zeit um mich zu besinnen, um mich ein wenig zu erholen von dem, was in den zurückliegenden Stunden auf mich eingestürmt war. Wenn ich nämlich alles richtig verstanden hatte, dann wollte man meinen Körper am nächsten Tage buchstäblich 'zerlegen' um ihn nach dem Einfügen einer Reihe von 'Ersatzteilen' auf kunstfertige Art wieder in einen dann scheinbar alten Zustand zu bringen. So sagte man es zumindest.

Beflissene und diensteifrige Jungmediziner hatten mir im Laufe des Tages versucht von Dingen zu erzählen, die sie tunlichst besser für sich behalten hätten. Das hätten sie auch gewiß getan, wenn sie nur für Momente in mein Denken hätten schauen können. Das hätten sie auch mit Sicherheit getan, wenn sie nur den Hauch einer Ahnung von meinen Erfahrungen gehabt hätten. Es wurde mir von Zuständen,

von Entwicklungen in meinem Körper erzählt, von denen ich durch eigenes Erleben wußte, dass es so, wie es mir geschildert wurde, unmöglich möglich sein konnte.

Es war für mein Empfinden irgendwie ein Stück wie aus einem Gruselkabinett. Meine Hauptblutbahnen im Halsbereich wurden mir gegenüber als total verkalkt bezeichnet, und sie müßten so oder so durch künstliche Röhrchen ersetzt werden, da sonst Kopf und Hirn in absehbarer Bälde ihre Funktionen wegen mangelnder Durchblutung einstellen würden. Da ein Gehirn ohne Sauerstoffversorgung wie ein Automotor ohne Sprit einfach stehenbleiben und meinen Tod bedeuten würde - ganz abgesehen von der Bedrohung durch das 'Oropharinx- Karzinom' - hätten sie sich dazu durchgerungen, diesen Eingriff gleich mit durchzuführen. Die Dinge allesamt in einem Aufwasch erledigen, sozusagen. Die Rede war fernerhin von Luftröhrenschnitt und künstlicher Beatmung, von Herzlungenmaschine, Herzkatheter und Hautverpflanzung vom Rücken auf die Brust.

Es reichte mir.

Um Schlag neunzehn Uhr saß ich auf einem chromblitzenden Stuhl in der Ordination dann dem Oberarzt gegenüber, und habe ihm meinen Entschluß, mich am folgenden Tag der geplanten Operation nicht zu unterziehen, kundgetan. Mein Kopf und mein Bauch seien sich in der Frage der Zustimmung überhaupt nicht einig, und solange es zwischen diesen beiden Instanzen keine Einigkeit gäbe, könne bei mir nichts in der Richtung 'Ganzkörpersanierung' geschehen. Ich gab zugleich meiner Befürchtung und meinem Bedauern Ausdruck, mit meiner Entscheidung zum Nein den gesamten Arbeitsablauf der Mitarbeiter für den nächsten Tag durcheinander zu wirbeln.

Ich war auf jede Reaktion, auf jede Art von (Unmuts)äußerung gefaßt - nur auf das nicht, was mir dann entgegengebracht wurde. Ich spürte keinen Ärger, keine Verbitterung. Es wurde nicht der leiseste Versuch unternommen, mich umzustimmen. Stattdessen wurde mir offenbares Verständnis für meine Sicht- und Handlungsweise zuteil. Verbunden mit dem Ausdruck der Hoffnung von Seiten des Oberdoktors, dass es irgendwann mehr

Patienten meines Schlages geben würde. Patienten, die sich ihrer eigenen Verantwortung und Entscheidungsfähigkeit bewußt seien und in bestimmten Situationen nicht die Ärztin oder den Arzt in eine Pflicht drängen würden, in die sie nicht hineingehörten.

Wörtlich sagte er mir: "Lieber Herr Eden, wenn Sie gegen ihre innere Überzeugung handeln würden, und wenn während oder nach den geplanten Eingriffen auch nur das Geringste der ihnen heute ja ausführlich dargelegten Risiken eintreten würde - sie kämen mit sich selber für den Rest Ihres Aufenthaltes auf dieser Erde nicht mehr ins Reine. Von Ihrem Verhältnis zu uns Medizinern ganz zu schweigen. Also seien Sie unbesorgt und kommen sie einfach wieder zu uns her, wenn sich bei Ihnen zwischen Kopf und Bauch Übereinstimmung ergeben hat."

Bewundert hat er mich wegen meines Mutes, in einer solchen Situation Nein zu sagen. So stand ich denn am nächsten Vormittag wieder vor der heimischen Wohnungstüre und einen Tag später in seiner Praxis meinem, der Doktorin Frauke nachgefolgtem, Hausarzt gegenüber.

Meinem "guten Begleiter" als der er sich mir gegenüber von Anbeginn unseres gemeinsamen Weges stets gab und gibt, war meine Entscheidung gegen Skalpell und Pharmazie nicht so recht verständlich zu machen. Seine ärztliche Kunst und seine langjährige Erfahrung als Mediziner hätten ihm durch die Fälle in der Regel etwas anderes bewiesen. Ich habe ihm nicht widersprochen - bin aber trotzdem nicht seinem Zuraten zu einem Eingriff durch die Oldenburger Kollegen gefolgt.

Durch einen persönlichen Schicksalsschlag im Kreise seiner näheren Familie war er meinem Denken einige Zeit später aber plötzlich ganz nahe. Wobei er im Nachhinein sich auch nicht scheute, es mir offen einzugestehen. Damit hatte er mir seine "gute" Begleitung bewiesen.

Während ich bei vielen anderen Äskulap Jüngern wegen meines eigenen Erleben meine für mich berechtigten Zweifel an ihrer Lauterkeit hege.

Von Fehldiagnosen mit gravierenden Spätfolgen aus einer laxen ärztlichen Oberflächlichkeit heraus, bis zu offenbar falsch bezeichneten Zustandsbildern als Rechtfertigung für schwerwiegende Operationen gegenüber den Patienten. Und das nur, um solche oft lebensverändernden körperlichen Eingriffe, die wegen ihrer Kostenträchtigkeit in Durchführung und Nachsorge durchaus den Schluß zulassen, dass sie dem Füllen und der Gesundung irgendwelcher Instituts- oder auch Privatkonten dienen, zu ermöglichen.

Die als Rechtfertigung für eine erweiterte OP angeführte vollständige Verkalkung meiner Hauptschlagadern im Halsbereich (und somit die Blut- und Sauerstoffunterversorgung meines Denkapparates bewirkend) erwies sich geraume Zeit später als völliger professoraler Nonsens und die, durch mein Wissen in dieser Richtung begründete Skepsis als nachweislich begründet. Mein Dok erklärte anläßlich eines Ultraschall Abgleichs bei mir den betroffenen Bereich zur quasi kalkfreien Zone, indem er mir erklärte, dass in meinen Adern eine geringere Kalkablagerung zu entdecken sei, als bei einem Fötus im Mutterleib im dritten Schwangerschaftsmonat.

Dabei ließ er mich den Blutfluß akustisch und

bildlich mitverfolgen. Eine Erkenntnis die mir im Falle meiner Zustimmung zu der vorzeits geplanten General-OP allerdings nicht mehr viel genützt hätte, da zumindest niemand mehr den Gegenbeweis hätte führen können. Gleich ob ich schon tot oder noch lebendig gewesen wäre. Diese Klippe, dieses Unterwasser-Riff im Strom meines Lebens hatte ich damit elegant und unbeschädigt an Leib und Seele umschifft.

Auf mich wartete nun der nächste, mir noch reichlich unbekannte Abschnitt mit relativ wildem Wasser. Nach einer angemessenen Regenerierungsphase, und dem durch meine Krankenversicherung angeordneten Pflichtbesuch bei einem sachverständigen hannöverschen Operateur zwecks Bestätigung der Notwendigkeit der Erstellung neuer Ersatzkauwerkzeuge in der geplanten Art und Weise, nahm mein, schon aus dem ersten Akt des Geschehen bekannter Doppeldoktor die Wiedermöblierung meines Esszimmers mittels metallener Implantate in Angriff.

Angriff ist die zutreffende Bezeichnung für das blutige Wirken innerhalb meiner sowieso schon angegriffenen Mundhöhle. Wochenlang kam ich mir anschließend vor wie der Getriebeblock eines Motors auf dem Reparaturbock einer Schlosserwerkstatt, bei dem eifrig werkelnde Schlosser Teile des Innenleben reparierten. Es wurde in meiner Mundhöhle gebohrt und gehämmert, gefeilt und gesägt, daß in jedem Wirtschaftsbetrieb der Produktionskontrolleur seine wahre Freude daran gehabt hätte.

Ich selber hatte allerdings weniger Freude an dem ganzen Geschehen rund um meine Ersatzbeißerchen. Besonders in den Momenten nicht, wenn der Bohrer in der Hand des Bohrenden einmal mehr über das gewollte Maß hinaus bohrte, und zum Beispiel den Knochen meines Unterkiefers durchquert hatte.

Dies kleine Malheur hatte bei mir ja nur eine wochenlange Taubheit der Kinnregion zur Folge. Was hieß das schon angesichts der verlockenden Aussicht, irgendwann nach Abschluß der Reparaturarbeiten wieder voll mit Essen und Kauen durchstarten zu können.

Über die Monate, welche die Behandlung andauerte, hatte sich in mir eine richtige

Traumwelt von Essgenüssen, denen ich mich mit meinen neuen Eßwerkzeugen ausgestattet hingeben wollte, aufgebaut.

Irgendein kluger Philosoph der chinesischen Menschheitsgeschichte hat aber vor Menschengedenken ja schon erkannt, dass augenscheinlich die Vorfreude die größte aller Freuden ist, und aus dem Jenseits partout darauf bestanden, diese seine Erkenntnis an meinem Fall neu zu beweisen. Na ja, auf jeden Fall war es nach Fertigstellung des neuen Kaumöbels mit dem "essen bis zum Abwinken" nicht die Bohne. Ich brauchte mir also auch keine "Pommesbude" auszugucken, in der ich mich für Tage hätte einschliessen lassen wollen - so wie ich es mir während der Liegezeit im Trockendock des Doppeldoktors in jeder Minute in den buntesten Farben ausgemalt hatte.

Vor Enttäuschung hätte ich mir in der Stunde dieser Erkenntnis selber in den Hintern beißen können - aber selbst DAS war mir nicht vergönnt, denn wie in Schillers Glocke die Form festgemauert in der Erden sich befindet, saßen meine Ersatzkusen ja auch unverrückbar und für den Rest meiner Tage in meinen Kieferknochen oben und unten verankert. Ihre Anordnung entsprach zwar nicht dem Planentwurf meines Körpers, der in seiner Ausführung Funktionalität vorsah. DAS störte aber offen ersichtlich niemanden aus der kompetenten Riege der mit der Erstellung befaßten Experten. Daß es mich störte, das störte die Macher auch weiter nicht, da der Kostenträger Krankenversicherung seinen Part an dem Werk, nämlich die Überweisung von 16 500 Euronen, begrifflicher klingt es noch als 33 Tausend gute Deutsche Mark benannt, an den behandelnden Mediziner schon erledigt hatte. Was sollte es also.

Ich gab das Hinweisen auf die negative Stellung der Zahnreihen zueinander und den Protest dagegen bald auf, weil mir bewußt wurde, dass ein Jahre währender Rechtsstreit mit dem Doppeldoktor als Regisseur, dem Dentallabor als dem Hersteller und beider Versicherungen als letztendlich Schadensregulierer die Konsequenz meines Einspruches gegen die Fehlleistungen sein würde.

Vergleichsweise hatte ich also einen fabrikneuen Mittelklassewagen geliefert bekommen, der zwar schön glänzte und sich nach aussen wie die anderen Produkte aus der gleichen Serie darstellte, der aber nicht gebrauchstauglich war, weil die Spureinstellung der Achsen überhaupt nicht miteinander übereinstimmte.

Wenn ich in der Folge von Menschen aus meinem Freundeskreis gefragt wurde, warum ich mich so "untertänig" den Ursachen und den für mich nicht erfreulichen Folgen ergeben würde, da ein solches Verhalten bei mir für sie völlig neu sei - habe ich ihnen jedesmal erklärt, dass, genau wie bei meiner Ablehnung der Massen von Chemiepharmaka gleich zu Beginn des Zusammenlebens mit meinem Freund dem Krebs, die Verhinderung eines Dauerlaufes zwischen Kotz- und Kloschüssel der Grund für meine Entscheidung war, so spielte auch hier die gleiche Erwägung eine tragende Rolle. Ich wollte nicht den Rest der mir verbleibenden Tage in einem Dauermarathon zwischen Advokatenkanzleien einerseits und Gutachterbüros bzw. Gerichtssälen anderseits zubringen. Zumal in meinem fachverständigen Umfeld unter der Hand stets von nur sehr begrenzter Lebenserwartung für mich gemunkelt wurde. Der mich immer noch begleitende HNO Dok vertraute mir eines Tages an, dass ich die mir kurz nach der Diagnose Krebs von ihm und seinen Kollegen zugestande Restlaufzeit von 4 Monaten ja schon um einige Jährchen überschritten hätte. Ich hätte das Kunststück fertiggebracht die Zeit auf unfaßbare Länge zu dehnen

Die gewollte und geförderte Langwierigkeit solcher Schadensersatzverfahren auf Grund eines fehlerhaften ärztlichen Wirkens ist ja allgemein bekannt. Es zeitigt ja auch bei den beteiligten Parteien volle Kassen - ausser bei den Krankenkassen und dem direkt betroffenen Leidtragenden. Beim Letzteren ist Gevatter Tod dann oftmals der Verfahrensbeendiger, als Beweis dafür daß sich alle Dinge irgendwann von selbst erledigen. Hin und wieder geht so etwas blitzschnell und manchmal dauert es eben etwas länger.

Nachdem sich bei mir nun schon etwas länger das "etwas länger" zu bewahrheiten scheint, taucht um mich herum des Öfteren die an mich gerichtete Frage auf, warum ich denn auch nachdem sich mir zeigte, dass die Zeit mir offensichtlich eine erweiterte Kondition auf das Leben einräumte, nicht erneut Protest erhoben hätte. Auch das ist für mich einfach zu beantworten und zugleich für manchen Fragenden schwer zu verstehen. Mein Doppeldokter, und der kleine Kreis der abhängig Beschäftigten um ihn herum, hat sich von Anbeginn des Geschehen mir und meinem "Freund Krebs" gegenüber allezeit wie ein Freund verhalten.

Diese gute Erinnerung wollte und will ich auch fürderhin nicht zerstören, zumal sich seine (des Doppeldoktors) Zeit als viel kürzer bemessen erwies, als die mir vom Schicksal zugedachte. Ihm wurde nämlich kürzlich in noch erheblich jüngerem Alter bereits der Löffel aus der Hand genommen.

Solche Erinnerungsbilder an verträgliches und menschliches Miteinander sind mir wegen ihrer Seltenheit auch viel zu kostbar, als dass ich sie wegen eines Zu- oder Umstandes, der eh nicht mehr zu ändern ist, zerschlagen sehen möchte.

Mein Berichten über das Geschehen möchte

ich dahingehend verstanden wissen, daß ich die Hoffnung hege Menschen in ähnlicher Lebenssituation hin und wieder ein Wegweiser in unbekanntem Gelände zu sein. Menschen, denen auch vielleicht plötzlich der Boden unter den Füßen weggezogen wird, wenn ihnen ein Mediziner sagt, wie spät es ist und dass es wahrscheinlich zu spät sei.

Es ist nie zu spät.

****

Mien Dwarßlöper un ikk, un us Lääven tohoop ...

Dat wee in d' Sömmerdach vöör fief Joahr. Ikk kreech tomaol un heel sinnich een dikken Hals. Nee, neee - nich vöör Ungedüür ov Kroadheit, as een dat joa woll moal sächt, wenn irgendwat nich so löpt as man sükk dat vöörsteält. Ov ok wenneer een annern wat heel Leeges moakt. So wee dat nich. An d' linker Bekksiet wuur mien Hals eenfach jümmers dikker.

Ikk meen, dat dat so flink gung, dat ikk dor gannich tägen kieken kunn. Dat is oaber glövich blods, wiel ikk domoals nich marken wull, dat sükk dor irgendwat Leeges in mi rööch. Na, liekers - ikk kunn denn upletzt nich blods föölen, dat dor irgendwat seet, ikk kunn dat ok good sehn. Ikk schoof dat up een Kuus, de dor kellen dee, un schoof de Visit bi mien Kusendokter van een Dach up de anner wiider noa achtern. As dat joa man so is, mit Mannslüüd un Tannendokter.

Oaber wiel ikk joa soveel Moot in mi hevv, seet

67

ikk denn doch an een grieseligen Harstdach bi hüm in d' Stool ünner de groode Luchten.

Dat eerste wat he sää, as he mi seech, wee, denn will ikk man ähm kieken. Joa man, un bi d' kieken bleev dat denn ok. Eers keek he sükk de Buul van buten un binnen an - un denn keek he mi an, as wenn he in mien Binnerst rinkrupen wull. He keek dorbi ut, as wenn hüm jüüst de Düwel tomöötkoamen wee.

Noch keen twee Stünnens loater hukel ikk denn een Kuntrei wiider in een Kolleechenstool, de mit sien Dokteree denn in een annern Part in Huus wee - een Dübbeldokter sotosärgen.

De sää, as he mi seech, denn ok as eersted, denn willn wi doch ähm kieken. He keek sükk de Buul van buten an, he keek sükk de Buul van binnerwendich an - un denn keek he mi netso an, as sien eenfach Kolleech dat Stünnens vöördem ok doahn har. Ikk wull hüm eers froagen, ov hum ok net de Keerl mit de Peerfoot tomöötkoamen wee.

De Dübbeldokter hett dat denn ok bi d' Kieken

beloaten un mi furs an een Professorkolleech in Ollnbörch wiederrekkt.

Dor leech ikk nu in dat groode Süükenhuus in dat Residenzstaddje un wuur doagenlang van een Stää noa de anner hen- un herschoaven. Överall wachten denn all neeschierige Oogen in schlaue Koppen up mi, üm mi ok van aal Sieden un Kanten bekieken to köänen. Denn wur bi mi hier moal een Stükkji van d' Lääven ovschnääden un dor mit neemodsch Gerätschkupp in d' Liev rinlustert. Mi hett dat mennichmoal dücht, as wee ikk irgendwons in d' Butereerlääven laand. Ikk seech de Geleerden jümmers de Koppen tosoanmenstäken un heel saacht mitnanner leustern, as wenn tägen hör een Minschke schleep, de see dör een ludet Word nich upwoaken wullen.

Een heelen Wääk dür dat Spillwaark tüschen de roatselhaftich Gesichten över de witten ov grönklörigen Kiddelschuden, bit mi een van de Hülpsmaiden ähm vöör Schummern in de böverst Dokter sien Studeerstuuv schoof. In dat halfdüster Lucht verkloar he mi denn mit sinnige Worden, dat see aalns doahn harn un ok

wiider föör mi aalns doon würn, wat see kunnen. Dat wee oaber liekers nich veel, wiel de Dwarßlöper, de see bi mi funnen harn, van hör - ok mit de neemodsche Gerätschkupp nich - nich to foaten wee. Dat schull denn heeten, dat see disse Oart van "Krebs" (dor wee dat Word, wat see aal sükk schöen uttospräken, van Dach) de sükk jüüst mien Liev as Woahnen utsöcht har, nich up de gewennde Oart bikoamen kunnen. Mit Mest un Schnieden wee dor niks, wiel disse Oart van Dwarßlöper sükk noa binnerwendich in de Knoaken un de Mukkis vertrukken har.

"Sie haben Krebs" - disse dree Wöör har he joa glieks vörnansetten kunnt, denn har he sükk un mi de anner Tüünkroam spoaren kunnt, un wi wesen flink dormit dör wäst. Loaterhen hett he mi sächt, dat he sükk dat up disse Oart nich troot har, un dat in de näächste Koamer een Pyschokolleech van hüm seeten har, üm mi uptofangen, wenn ikk bi de Diagnose "Krebs" in een deeped Lokk indüükt wee.

Roatsel har ikk hüm upgääven, as ikk heel anners reageert hevv, as he dat wennt wee, wenneer he een Minschke särgen moot, dat he

71

woll nich mehr lange leevig hier up de Eerdengrund tobringen ward. Ikk har sien Särgen upnoahmen, as wenn ikk van hum to weeten krägen har, dat noa Tein Elben kummt, un dat dat joa liekers niks Neeäs föör mi wee.

Noadem man mi denn noch aal mien Kusen ut mien Bekk utrüümt har - wiel dor in de Knoaken mien neeän "Frünnd", de Dwarßlöper, düchtich an d' wöhlen wee - wur ikk wäär noa Huus entloaten. In de gooden Hannen van de Minschen hier üm mi to. Blods, wat wuß ikk, wat mi verwachten dee, in disse goode Hannen, van de ikk joa noch hoast keeneen kennde.

Nu stunn ikk dor, un bruks tomoal wat, wat ikk all Tieden nich mehr hatt har - een Huusdokter muß föör mi dorher. Ikk bruks een Huusdokter, de mi aal de Padden wiesen de, de ikk in de tokoamen Wäken ov Moanten goahn muß. Ikk har een prakkeraktischen Dokter föör aal de Papiernkroameree nödich, de dor so bi dat Spillwaark anfull - un de denn ok villcht moal Hollstop särgen kunn, wenneer de Spezioalkollechen dat moal to fost drieven wullen mit hör Maschinenmedisin.

Wat nu so üm mi to in de nächsten Doagen un Wäken ovleep, dat leep denn as van sülven. Ikk stunn as ovkant van dat Geböören, as Tokieker, as wenn ikk gannich to dat Spill togehörde.

Mit Mest un Schnieden wee joa nu de Visiter in mien Lääven nich bitokoamen. Dat har man mi joa verkloart. Dat schull nu in d' Sükenhuus bi us in Staddje mit Roadiostroahlen goahn - dormit wull man de Dwarßlöper in mi siene Doagen verleiden. Van buten mit Stroahlen un van binnerwendich mit Chemie. So wullen see dat doon.

Up Papeer upschrääven kreech ikk mit noa Huus, wu dat denn ovlopen schull.

Nägenundartich moal wull man mi in de "Radiologie" dör d' Zentrum van Hiroshima stüüren, un särß moal in disse Tied in de "Onkologie" mi van binnerwendich chemisch schoomoaken. Ikk leet de heele Mannschkupp bi hör Doon gewähren un leet hör mit fliedich Hannen moaken. Ikk stunn joa buten disse Kring, un keek mi dat Waark as een Unbedelichten an.

Ikk wuur van binnen un buten vermäten, ikk kreech Blee-Rüsttüüchs anmääten, wat sükk in Tallen un Weerten utdrükken lett, dat wor mit mi upsteält.

Dat "buten disse Kring stoahn", dat kunn ikk solaang doon, bit ikk an d' Liev to spören kreech, dat ikk mit de Mors mirdenmang dat Gemengsel seet. Van de Momang an, as ikk to weeten kreech, dat ikk in dat Karssell seet, van de Momang an bün ikk in dat Stüürhuus instäägen un hevv mi mitdreit. Ikk wull doch sehn worhen dat Schkipp dreev, un as Koptein an Bord tominnst versööken de Kurs to hollen. Ikk wull nich, dat mien Schkipp - mien Läävensschkipp - dör een verkeerden Drei van een van de Deckslüüd an d' Rüür up een Undeepte fastsitten bleev. Ikk wuß in mien Binnerst, dat boaben mi een seet, de dat Foahrwoater föör mien Schkipp freehollen wüür. Freehollen bit in de Hoaben, in de ikk an d' Ennen denn föör ewich de Anker fallen loaten kunn.

Ikk wuß ok, dat ikk nu toeers dör een wilged Woater laveern muß, un dat dor achter de ruhige See leech.

75

De ruuge See hevv ikk denn ok vull mitkräägen. Nägenundaartichmoal hevv ikk ünner de Sünn läägen to broaden. Ikk hevv mi in de Doagen jümmer sächt, dat ikk mi dat joa noch utsöken kunn, ov ikk nu in Hiroshima un Nagasaki, in Tschernobyl ov Fukushima de Sünnendoagen tobringen wull. De Minschen, de in disse Kuntreien woahnden, de harn disse Freeheit joa nich hat. Un glieks fööl ikk mi wär as up de Siet van de van d' Schikksoal begünstigten.

Bevöör dat nu mit de heete Sünn in d' Stroahlenbunker losgung, stunn eers noch dat chemisch Reinmoaken an. Dat heet, aal twee Wääken een poar Stünnens mirdenmanken een Drufel van ok Krebssüken to hukeln, un sükk mennich Liter Pharmazi in de Oadern drüppeln loaten. Up een Oart leet mi dat, as wenn ikk konserveert warden schull, un seech vöör mien binnerst Ooch all de Tallenriech vöör de Kopp, an de jedeneen avläsen kunn, föör wulaang ikk denn noch to geneeten wee. Disse Vöörstellung hett mi rein een Schmüstern ovwunnen, ovwoll dat in disse Kring doch wiers niks ton lachen geev.

Dat leech oaber liekers nich an de Minschen, de sükk dor Dach föör Dach üm dat Wollbefinnen van de Patschenten sörchten. Dat wee woll eenfach so, wiel dat Lachen sükk dor nich as in Huus föölen de.

Noa dat erste Moal "drüppeln" weet ikk gannich, wie un wu ikk noa Huus henkoamen bün. Ikk weet blods, dat ikk de näächste Doagen in Huus een Rönnen mitmoakt hevvt, as mi dat in mien Besinnen mien Läävdach noch nich ünnerkoamen wee. Ikk keem mi vöör as in de Wettloperee tüschen Hoas un Swinegel, as in een Duurloop tüschen Klosett- un Kotzschöädel, blods dat ikk Hoas un Swinegel in eens wee.

Pillkers har ikk een Riech verschrääven un mit noa Huus henkreegen. Ünner de verscheeden Szorten dor weesen Pillkers ünner, bi de mi van de Prijs föör dat enkelte Stükk all schroar tomoot wur. Dortägen hulp ok nich dat Henwiesen up de klöärigen Papptuten: 'zu Risiken und Nebenwirkungen fragen sie bitte ihren Arzt oder Apotheker'. Dartein verscheeden Szorten föör een Dach hevv ikk denn in een drööge fief Minüten tellt. Innoahmen hevv ikk keen een dorvan - ikk hevv de Tut vull Pharmazi up mien Doktersch hör Schrievdischploat deponeert, as ikk to d' tweede chemisch Reinmoaken anträäden schull. See hett niks dortägen sächt - see hett mi blods ankäken. Ok as ikk hör künnichmoakt hevv, dat ikk de Chemo nich wiedermoaken wüür, wiel ikk dat mit de Rönneree tüschen Schiethuus un Spee-Emmer nich wull, hett see mi blods mit hör klooke Oogen ankeeken, as wenn ikk van wietwäch herkoamen wüür.

Ikk hevv dat denn ok utsett't mit de Drüppelee, un bün blods elker Dach in de Sünnschienkeller goahn, üm een Oahnen van Tschernobyl to geneeten. Ikk hevv dat noaderhand wüggelk as een Stükkji Verhoalen ankääken, dat elker Dach de vöörgääven Tied dor ünner d' Grill to lirgen. Mi is dor näämich in de Wääken wat todeel worden, wor anner Minschen sükk joahrenlang üm Mööten un Quälen - ikk hevv gewaltich ovwunnen. Mien Liev hett sükk üm dat halve Weegen minniseert. In aacht Wääken is he ovszakkt van tweehunnerdnägentich rünner up hunnerdfiefunveertich Pund. Eenfach so - keen Rup un Rünner, keen oarige Luun, de een dat Läären to een Höll warden loaten kann, wiel van de annern, van de Famili dat stoadige Up un Doal nümms mehr verdreegen kann.

Dat Dokterschfroominsch wat ikk domals funnen har (ikk hevv mennichmoal bi mi dorcht, dat de mi van mien Heergott toweesen worden is) hett mi oahn Twiefel düchdich dorbi hulpen. Elker Dach hett see dorföör sörcht, dat mien Liev nich utdröögen de, wiel dat mit sülven genooch drinken in de Tied föör mi heel stuur wee. Elker Dach hett see mi twee Stünnslang dör een lüütji Noadel twee Liter sollten Woater toföört. Elker Dach hevv ikk in de Tied twee Stünnenslang as in d' Hääven schloapen in hör Koamer.

Van mien Sükenkass betoahlt kreegen hett see dat ni nich, denn mit de dartich Euros, de see noa d' Gesetzen in dree Moant föör de Sörch um mi kreech, dor kunn see nich wiet mit springen. Ikk hevv Frauke K. - wat in de Tied mien Doktersche wee - denn ok moal froacht, woarüm see dat allens mit mi upstellen dee. See hett mi blods van Ünnern her ankääken, as see

79

mi anter: "Wiel ikk Doktersch bün, un wiel dat Helpen mien Boahntje is. Un wägen dat anner, dor moaken see sükk man heel keen Kopp - ikk verschmacht all nich."

Dat hett see mi sächt, bevöör ikk denn wäär twee Stünnens in hör waarme Koamer in mien Lääven rinschloapen bün.

Överhaupts har sükk föör mi mit de "Diagnose Krebs" een annern Welt updoahn. Hevv ikk doch toeers stief vöör hum - vöör dissen Dwarßlöper stoahn un hüm ankeeken, as wenn he nich to mi togehörde. Hevv ikk hüm in de eerste Doagen doch jümmers wäär froacht, wat he denn bi mi in mien Liev wull, so hett sükk dat in een korten Tied dries ännert. Ikk hevv spöört, dat ikk hum dat Ekkje in mien Körperhuus överloaten muß, un hevv furs beschloaten, in de Läävenstied de mi bleev, mit hum uttokoamen. Ikk hevv hum nich elker Dach de "Gerichtsboas", vanwägen dat he sien Woahnen bi mi rüümen schull, up d' Hals stüürt. Un he leet un lett mi up de anner Kant bit nu mien Ruh.

Heel flink bün ikk dorachterkoamen, dat in

mien Liev as een Tohuus dääch Bott genooch föör us beiden is. As een van mien Dokters moal to mi sää, 'ich wünsch ihnen viel Erfolg bei ihrem Kampf gegen den Krebs', dor kunn ikk hüm blods antern, dat ikk nich in d' Ooch foat har, tägen mien Huusgasten Kreech to föören. Ikk seech rein dat binnerwendige Koppschüdden bi mien Tägenover, as he versöken de, mien Särgen as Begriepen doaltoschluken. Ikk hevv hüm dat Begriepen een bääten lichter moakt, as ikk hum verkloart hevv, woarüm ikk nich tägen de "Krebs" kämpfen wull.

Mien Huusgast hett sien Koamer bi mi van boaben us Welt towääsen krägen. Wi mooten doarüm tosoamenblieven, solaang as wi lääven. Dat is nu moal so. Rutschmieten kann ikk hüm nich - ikk kunn hüm blods fuchtig düll up mi moaken. Wenn wi us bekreegen würn, denn wee ikk jümmers de Deel, de up d' Ennen verleesen de. Dat wee denn mien Dod. Dat will ikk nich, un wiel mien Dod denn ok sien Dod is, will he dat wiers ok nich. Also verdroagen wi us, so wiet as dat geit, un hevvt beid hopentlich noch een gooden Tied mitnanner.

So eenfach is dat. Dat mi nu nümms anfaangt to lachen. Dat wee bäter ji maarkt jo dat un schrievt jo dat achter de Oohrn, as mien ole Schoolmester August dat jümmers sää, wenneer us Kinner in us Unverstand wat döäsich vöörkeem.

An veertich Doagen achternanner wäch hevv ikk de heete Sünn geneeten kunnt, un dat mirden in d' Winter un över Wihnachten. Dat wee doch een moien Verhoal in de koole Joahrstied. Woahrschiens hevvt de annern, de so Dach föör Dach in d' Sükenhuus mit mi tohoop föör de Stroahlenkoamer to wachten seeten, dat een bietji mit anner Oogen ankääken. Sächt un mit Worden künnichmoakt hett dat woll keeneen Seel, dor in de Rüüm oahn Finsters. In de Gesichten stunn dat oaber schrääven, föör jedeneen good to lääsen. An de Gesichten kunn ikk sehn, dat sükk in de Kopp dorachter dat heele Denken blods jümmer um de een Soak drei - üm hör Krebs. Niks anners har dor noch Bott. Dat Kieken, Föölen, Schnakken - allens wee blods noch Dwarßlöper. Dat Lääven van Güstern un dat Lääven van Mörgen, dat geev dat heel nich

83

mehr föör aal disse Minschen. Dor wee blods noch Beduuren mit sükk sülven to kennen. Jedermoal wenn ikk in disse Gesichten kääken hevv, hett mi dat binnerwendich kollt schuurt.

Aal de Minschen üm disse Minschen ümto is dat wiers nich anners goahn. Dat kann up de Duur denn woll nümms vullhollen. Ikk hevv foaken versöcht, mien "Mitlieders" dorto to bewäägen, sükk wäär hör Lääven totodreien - oaber de Tied, de wi denn tohoop weesen, de wee jümmers to kört bemääten. Villicht is bi de een ov de anner oaber doch wat hangenbleeven. Ikk weet dat nich - man hett sükk joa meist nich weddersehn.

Dör de Bank full in d' Ooch, dat jedeneen in de Kring bannich Maleschen mit Äten un Drinken har. De meist Patschenten kunnen woll äten, see kunnen oaber wägen de Chemie in hör Liev niks bi sükk un binnen hollen. In een körte Tied gung dat in de Kring van schlanker warden bit noa klöätern in d' Puul. Dor keemen foaken an Stäen dör de Huut Knoaken van Dach, wor man vördem gannskeen vermoot har. Ikk hull dat Äten un Drinken, wat ikk dör mien Halsgatt kriegen kunn, woll aal bi mi, wiel ikk disse

Therapie noa dat eerste Moal ja ovsett har - ikk kunn blods niks handfasted noa ünnern kriegen.

Över de Tiedruum mit dat to minn drinken har mi joa nu mien Doktersch Frauke mit eer lichte Hannen överwächhulpen, bi de Äteree dor wee ikk nu sülven froacht. Un ikk hevv schiens up disse Froagen good antern kunnt. Ikk bün een Padd goahn, de mi een hoogern Instanz woll wiest hett to goahn. Anners kann ikk mi dat nich verkloaren. Van aal de Minschen, de sükk nu siet all de Joahren all üm mi bemööten, kann mi dat okk nümms anners beliekteeken. Mien Stroahlendokter hett moal föör een tiedlang an mi sächt, wenn ikk gröön wee, denn wüür he särgen dat ikk van buten de Eer, van d' Mars up disse Eer doalseilt wee.

Wat hevv ikk denn oaber doahn, dat mien Schkipp in dat wilge Woater up de Strom noch nich ünnergoahn is? Wat ikk wull, ov wat ikk doon schull, dat wuß ikk heel nich - wat ikk oaber üm d' Verrecken nich wull, DAT wuß ikk wiers van de eerste Minüt an noa de Diagnoos Krebs. Ikk wull nich mit hangend Bekk dör de Gägend schluuren un mi stoadich sülven, bi elker Trää de ikk de, up mien ünnerst Lipp'

85

poasen. Ikk wull keen Lokken dör mien Huut, ikk wull keen Port föör dit un dat in mien Liev stoaken hemm'n. Ikk wull up mien eegens Hand äten un drinken - solaang as dat nur irgend gung.

Wat mi ok verwachten de in de tokoamen Tied - ikk wull vöör allns mien Lachen un dat 'schmüstern köänen' behollen. Ikk wull ok wiederhen Truur wiesen köänen, wenneer Minschen ov Deerten up de Eerdengrund wat Leeges tostööten de.

Ikk wull up jederfall nich in de Troanen över mien eegen Bedrüüs ovsupen.

Ikk hevv denn eenfach dat doahn, wat us all as Kinner mien Moder un vöörtieds mien Grootvoader jümmers an d' Haart lächt hevvt, wenn us irgendwat up d' Haart leech. Liekers wat dat dör de Tieden ok weesen is - ikk hevv dor bilangskääken, wat mi up de een ov anner Oart, in de een ov anner Schwangsloach in d' Lääven allmoal hulpen har.

Toeers keem mi denn mien gooden Paster Strathmann, de ole Gottsdeener un sien Särgen, dat allens, wat mit us in d' Lääven ok geböört, vöörteekend is, in d' Besinnen. Ikk kann verrafftich niks dortägenhollen, denn mien Doon in de Tied - sünners noa de Diagnoos Krebs - hevv ikk joa nich doan, wiel ikk su kloog bün, ov wiel ikk dat irgendwons dör irgendwekker wiesnöäsige Bööker verkloogfidelt kräägen hevv. Ikk hevv dat eenfach doan, wiel ikk dat doon muß. Dat is mi kloar wurden, as mi een renomeerden Krebsprofessor ut Köln up mien Vertellen över mien Ümgoahn mit miene 'Befindlichkeit', as he dat nööm, froacht hett, woneem ikk dat wuß un well mi disse Padd beliekteekend har. Mien Drinkeree van Karnemelk un Room har hüm to de Froach bröcht, as he mi sää. Ikk wüür dor näämich wat doon, wat föör mien Dwarßlöper sien Föölen netso netso freedelk wee, as wenn een Grootmoder hör futerich Enkels mit saachte Hannen över d' Hoar strieken deit. Villicht is dat joa ok een Weeten ut een Lääven föör mien Lääven nu, wat in miene binnersten ünneren Schuuven good verwoahrt licht. Dit Denken kann ikk nu moal nich eenfach bi de Siet schuuven.

Wat is dat blods föör een oarige Vöörstellung, mach nu de een ov anner van jo wiers meenen.

Oarig is mi denn foaken vöörkoamen, wat mi in de eerste Wääken noa de Diagnos Krebs üm mi herüm so ovloopen is. Loopen is dat rechte Benöömen, glööv ikk. Denn de Loop van aal Kanten to mi her, van Lüüd de mit Pharmazi, mit Chemie und unächt Äteree hör Brödchies verdeenen, dat wee all suwat ähnlichs as een lüütji Volkslooperee, as man dat vandoach joa ok woll nöömt, wenneer dor een Drufel Minschen een achter de anner an, un ok woll dörnanner över de Stroaten in d' Karteer rönnen.

Ikk hevv mi foaken froacht, woneem de Visiters van mien Bedrüüs wussen, dat see aal so flink bi mi upschlogen. Dat is oaber woll so, as in de Natur mit de blaugliemigen Peerflegen ok - de köänt ok an keen Schiethümpel vöörbifleegen.

Astronautenkost wee dat, wat mi anboaden wur, hevvt see mi jümmers wäär vertellt - un wullen mi dormit schiens särgen, dat su een lütt Minschke as ikk man blied weesen kunn, dat

dat sowat Goodes geev, un dat dat denn ok noch van de Sükenkass betoahlt wür.

Ikk hevv de 'besörchten' Lüüd aal schnakken un wäär trekken loaten. Dat, wat see van de Kroameree föör mi ton prööven bi us in d' Huus trüchleeten, dat hevv ikk denn noa Stäen henbröcht, van wor dat denn wiiderverdeelt worden is. Ikk kunn dat gräsige Tüüchs ut de Düwelsköäken eenfach nich dör mien Halsgatt kriegen. Dat schmook mi furss as Ölich ut een olen Deutzmaschin. Villicht hett sükk dat ok blods nich mit de Stroahlenwaarkeree in mien Liev verdroagen. Dat mach wüggelk so ov su weesen - ikk wuß un ikk weet dat nich. Ikk hevv dat up jederfall buten vöör loaten, un to wat anners grääpen, üm mien bietji Läästen up de Beenen to hollen. Dat leechste wat mi denn een van de Schlauschnakkers meen inschüünen to köänen, dat wee de "Astronautenkost" mit Hülp van een Schlauch dör een "Port" in mien Buuk to brengen. Villicht hevv ikk hör een bietji groff antert - dissed Froominsch is tominnst ni nich wedder bi mi updüükt.

Updüükt is denn wat heel anners - ikk hevv mien Besinnen näämich in de Tied trüchstüürt,

91

in de wi dör veele Süken mussen, un in de dat sowat as vandoagen ut de Pharmaziköäkens aal nich geev. Ikk hevv mi Noakreechstiedenäteree moakt - netso as us Moder dat dee, wenneer wi Kinners sük to Beäd leegen.

Dör de Hitt bi dat Bestroahlen hevv ikk - Gott wääs bedankt dorföör - keen Sünnenbrand up de Seel kräägen. So as veele annern dat goahn is un geit, de noa de Diagnos Krebs denn nich blods mit de Gasten in hör Liev utkoamen mooten - neee, see sünd denn wägen faste Depreschon vöör langer ov körter Duur foaken ok Visiters bi een Scheeselong Dokter, um sükk dor stoadich Ploasters up hör Seel plakken to loaten.

Mien Brandschoaden de hevv ikk wons anners ovkräägen. Mien Bekk un mien Halsgatt wurn van sülven nich mehr fuchtich. Wenneer een Minsch wat nich recht foaten o glööven kann, denn sächt he allmoal: 'Mir bleibt die Spucke weg.' Bi mi wee dat nu stoadich so. Veeruntwintich Stünns an d' Dach har ikk van Tied ov an een drööged Bekk un een netso dröögen Hals. wenneer sowat geböört, denn kricht Minsch eers to weeten, wat dat heet un wat dat deit, wenn de Drüsen keen Spee mehr produzeeren. Solaang as dat allns löpt, solaang kummt man dor gannich achter.

Dor keem denn de Karnemelk, mit Room vermenguleert, in d' Spill. Een Klukk dorvan drunken (dat dröfft ok mehr weesen) un ikk har föör tominnst twee Stünns mien Ruh (ov mien Fuchtichkeit). Aal dat anner Drinken is joa ok woll natt - oaber dat denn blods meist föör tweemoal Lüchthoalen - un denn is de Huut in Bekk un Hals as hollten Pergament.

Blods Karnemelk un Room inschluuken, dat rekk denn doch nich so heel üm dorvan up Stükken to blieven. Wiel ikk nu all bi de Schwaartbunten mit de Hörns, bi de Koien laand wee, bün ikk dor ok bi blääven. Beenschieven mit Markknoaken in de Mirden, dat wee denn mien tweeded Been üm eenigermoaten in de Doagen to stoahn. Dat Rindfleesch un de Knoaken reschkopen över Düür koaken loaten, dat allens wat in de Knoaken insitt, ok van Dach kummt. Dor word denn allens, wat man sükk an Tuunfrücht un Deechwoaren vöörstellen kann, ünnermenguleert un de Doach sünd bestich.

93

Mennich Doagen moak ikk dat nu all so, un mien Frünnd, de Dwarßlöper schient dor - nett as ikk ok - heel good mit lääven to köänen.

De Buul an d' linker Halssiet - mien Vöörroatskopp, as Ingangs moal een to mi sächt hett - de har sükk joa dör de nägenundartich Sünnschiendoagen heel un dall vertrukken. So veel Waarmte hett de Buul denn doch woll nich verdroagen kunnt. Mien Visiter de har sükk denn ok noa binnerwendich in Knoaken un Fleeschk vertrukken. He har woll Oahnung dorvan, dat hüm dor nümms an d' Lääven kunn.

Na liekers ok, wat de Dwarßlöper sükk dor bi dorcht hett - man wull sükk in Ollnbörch denn up Nee mit de Soak befoaten. Dat heet föör mi, wäär in de Residenz in d' Süükenhuus. De Schloapstääen dor, de kennde ikk joa all - un de Minschen, de sükk dor üm mi bemööten würn, ok.

Moandachsmörgens mook ikk mi vöör Dach un Dau up de Padd, üm dat ikk ok to de rechter Tied dor wee. Föör disse Dach stunn näämich noch veel an, as man wi vöördeem all woahrschoot har. In d' Residenz ankoamen, bleev mi man jüüst Tied, mien Kromeree de ikk bi mi har, tägen mien Schloapstää föör de tokoamen Tied to deponeeren. Ikk hevv mi bi de anner beid Mannslüüd, de ok noch in de Koamer leegen, nichmoal bekennt moaken kunnt. Noa tweemoal schnuuven seet ikk all in een Stool up Röä, un los gung mien Reis dör de Welt vull van de Röök noa Karbol un Angstschweet. An dissen Dach hevv ikk een grooten Deel van d' Sükenhuus to sehn kräägen. Överall dor, wor wi Hollstop moken, stunn ikk föör Minüten in d' Mirden - ikk fööl mi all bold as een Danzbooar in d' Zirkus, up de van aal Kanten de Luchten fallen. Man hett in mi rinkääken, man hett över mi wächkääken, man hett mi woagen un ovmääten. Un dat woll fiefmoal an de Dach elker moal an een annern Stää. Un elkermoal hett man mi denn mit veel Worden wenich verloart. Un elkermoal muß ikk denn ünnerschrieven, dat ikk dat aal verstoahn har, wat nich to begriepen wee. Loatnoamiddachs üm Klokk särß har ikk mien letzt Teeken ünner een Verkloaren sett - de Reis dör de Medisinwelt we föör mi föör disse Dach to Ennen. De anner Dach schull dat

Waark denn üm Klokk nägen losgoahn. Ikk bruks nu Tied mi to besinnen, un muß ok nödich mien Kopp wäär ünner d' Aarms wächnäämen, wor he sükk de heele Dach schuult har.

Üm Klokk söben seet ikk denn in de Ordinatschon mien Statschonsdokter tägenöver, un hevv hüm verklogfidelt, dat ikk de anner Dach nich an mi rümschnieden loaten wür, wiel mien Buuk un mien Kopp sükk in de Froach nich eenich weesen, un dat ikk nu woll mit mien Nääsärgen de heele Waarkerploan föör de anner Dach dörnannerschmieten wür.

Ikk har mit allns, wat mi dor tomöötschloahn kunn räkend, mit Düllheit, mit futerich Upgeräächtheit, mit Nichverstoahn, mit allens - blods nich mit dat wat dor keem. De Dokter keek mi su blied an, as wenn ikk hüm jüüst een wunnerboaren Överraschung künnichmoakt har. Sien Särgen noa wee dat denn ok so, denn he meen, dat see sükk in hör Olldach as Medisiners een büld mehr Patschenten wünschen deen, de sükk trooden, ok moal Nää to särgen, wenneer dat sowat Grötters, as dat bi mi weesen schull, anstunn. Wiider meen he, dat mi van dat, wat ikk de Dach över to weeten krägen har, doch säker mien Oohrn klungen harn. Wenn ikk denn tägen mien Buukföölen un rein ut Dokterschglöövichkeit Joa sächt har, un blods dat minnste van dat, worvöör man mi woahrschoot har, inträden wüür, denn wüür ikk ni nich mehr mit mi sülven in d' Reine koamen - un mit de Doktersch, de dat denn in mien Oogen schküld weesen - all gannich. Un doarüm , mien leeve Eden, bün ikk blied, dat Du de Moot wiest häst, us een Nee to särgen.

Wat nu hier to lääsen is, dat is dat, wat ikk, glieks dornoa de annern Dach un wäär in Huus, dorto upschrääven hevv:

In disse Momang muß ikk ‚Nee' särgen …
De Tied wee dor. Ikk har mi vöör Dach un Dau up de Padd moakt. In Ollnbörch wull man an disse Dach wat an mien Befinnen ännern.
In mien Kopp seet dat Bild fast: Du geist in dat Sükenhuus – de Dokters dor schnieden een bietji an di rüm – un kloar is de Kees.
Mit disse Vöörstellung van dat Waark seet ikk oaber heel un dall up dat verkeerde Peerd.
Wat mi fief Doktersch denn in mien Brägen rinpuust hevvt – dat hett in mien Weeten doch

een heel Büld Stoff ton danzen brocht.

Dat wee schiens niks mit ‚een, twee, dree – Danzkarree' – Dat Gedoo leet tomoal heel anners as mi dat särß Wääken vöördem mit dree Sträken beliekteekend worden is.

Tomoal wee dat een utwussen Schlachteree van een halven Dach Düür mit twee Professoren un een Handvull krägel Assistenten an de Siet.

Een spierke hett dat mien Wertgefööl joa killert, dat sükkse ‚Korifeän' sükk mit mi ovgeeven wulln – oaber koopen - hevv ikk so bi mi dorcht – koopen kanns di dor upletzt liekers ganniks föör.

In mien binnerwendich Weeten har sükk glieks noa dissed ‚gesetzlich vöörschrääven Risikoverkloaren mit Inverstoahnsteeken' een ‚Nee' fastsett.

Noa dree Stünnen dormit drachtich goahn un een gooden Schnakkeree mit mien vertrooden Huusdokter wee denn de Momang dor. Dat ‚Nee' in mi wee utwussen un wull an d' Lücht. Mien Vertroon in de Dokterskünsten – dat hevv ikk spöärt – hett solaang keen Bedüüden, bit de Twiefel in mi sülvst verfloagen sünd. Dat brukt Tied, as ikk dat weet.

Un doarüm muß ikk in disse Momang in de

gespannt up mien Antern luurenden Professorengesichten luut un düdelk ‚Nee' särgen.

De anner Dach wee ikk denn wäär in Huus, un seet verrafftich all vöör Middach bi de Dübbeldokter - wat de Professornkolleech wee, de mi noa Ollnborch henstüürt har - in de Wachtstuuv manken een büld anner Patschenten to luuren, üm mit hum to beschnakken wu dat Geböören üm mien Bkk un de fäälend Tannen in de tokoamen Tied wiedergoahn schull. Hüm seet näämich hoch in d' Kopp, mi so flink as möägelk een neeäd Gebitt to moaken. Ikk har wiers noch allerhand to verwachten, bit ikk wäär Kuusen to bieten in mien Bekk sitten har. Ikk har dat Gefööl in mi, dat he rein versääten dorup wee, mi mit siene Künsten een Stükkji normoaled Lääven trüchtogeeven. As ikk dat Prozeder achter mi har, dor hevv ikk wägen dat wat dorbi rutkoamen is, mien Denken van vöördeem son bietji in een annern Richt lopen loaten. Dor hevv ikk denn doch woll mehr de Doalers sehn, achter de he an wee, un de hüm säker düchdich in d' Ooch stoaken hemmen. Ikk har mi wäken-

un moantenlang hööcht, irgendwenn mit neeä Kusen in een reschkoapen Stükkji Fleesch rintobieten. Dorföör bün ikk denn döör su mennich Höll mit noch mehr Fäächfüür goahn. Ikk har mi in mien Binnerst Biller van Ätteree un Drinkeree moalt, mit de ikk woll mehr as hunnerd Müüren in een schlött har behangen kunnt.

Irgendeen klooken Keerl ut de Schinesiche Philosophenwelt hett joa vöör Stükk ov wat Joahrhunnerden all bekennt moakt, dat de Vöörfreud föör de Minschen tomeist de gröttsde Freud is, un ut dat Dodenriek herut nu mit Gewalt dorup bestoahn dissed sien Erkennen an mien Geböören nu nee to bewiesen. As dat nu ok woll weesen mach – ov su ov ok woll annersrüm – up jeder Fall wee noa dem hee sien Waarkeree in mien Beck as kloar beteekend hett, för mi mit Äten un Drinken bit de Dokter kummt nu wüggelk niks. Ikk bruks mi also ok keen "Frätbuud" uttokieken in de ikk mi föör veerteindoach ov so inschluuten loaten kunn, üm rings üm mi to to Äten wat dat Tüüchs hull. So as ikk mi dat in de Tied in de Dübbeldokters sien "Drööchdock" goaelk un in de klöärigsten Klöären utmoalt har.

Föör Grimmiterkkeit har ikk mi in disse Momang in de ikk dat to weeten kreech am leevsten sülven in de Mors bääten. Oaber sülven dat gung joa ok nich, wiel de neä Meubelmang in mien Bekk joa störmfast inbetoneert wee. De Oart un Wies, so as see dor seeten, wee woll wiers nich so as de Natur dat van Vöörtieds vörsehn har – dat hett oaber schirens Nümms van de "Experten" beröört ov stöört. Dat mi dat gewaltich beröört un ok stöört hett, dat hett schiens Keeneen ut de kompetente Riech stöört. Dat bruks joa ok nich – har de Sükenkass doch vöörtieds all de heelen Kösten van söbenteindusen €uronen up Heller und Penning beglääken. Wat schull dat Theoater denn ok noch.

Ikk hevv vdat Henwiesen up dat Malör denn ok irgendwenn togääven, wiel mi ingoahn is, wat mi verwachten deedor wieder tägen vöörgoahn wür. Ikk wüür miene Doagen de mi bleeven, denn mehr in Avkoatenkantoren un Gerichts-stuven as in Huus ov in de free Natur tobrengen. Wiel de Dokterschverskering

Häven un Höll in Bewägung setten wüür, üm nich föör dat scheefgoahn Waark instoahn to mooten.

Ikk har nu also vergliekswies een hoagelnie-gedneeäd Foahrtüüchs up mien Warft stoahn, dat moi gliemen de un so as aal de Annern utsehn de, dat oaber nich to gebruken wee, wiel de Spoar van de Röä verkeert tägen-nanner leep.

Wenneer mi in de noakoamend Tied moal de Een ov Anner frooch, woarüm ikk su gedüldich wee un nich dortägen angoahn wüür, denn hevv ikk blods jümmer antert: wiel ikk Frää hollen wull.

Su eenfak wee dat.

****

103